Alfred Reichel

Nicht nur Biergedichte
Ein Quantum Prost

© 2015, Alfred Reichel
Layout, Satz & Umschlaggestaltung: Malte Reddig
Herstellung und Verlag: BoD – Books on Demand, Norderstedt
ISBN 978-3-7386-0683-6

Bibliografische Information der Deutschen Nationalbibliothek
Die Deutsche Nationalbibliothek verzeichnet diese Publikation
in der Deutschen Nationalbibliografie; detaillierte bibliografische
Daten sind im Internet über www.dnb.de abrufbar.

Allen Freunden
gewidmet.

Vorwort des Autors

Alle meine Gedichte sind Biergedichte, wenn als erweiterte Definition eines Biergedichts folgendes gilt: Ein Gedicht ist dann ein Biergedicht, wenn das Gedicht erstens „Bier" zum Thema hat oder zweitens darin das Wort Bier oder ein Synonym davon vorkommt oder drittens das Gedicht unter dem Einfluss von getrunkenem Bier geschrieben wurde.

Nicht nur Biergedichte enthält gleichzeitig aber auch Fußballgedichte, Liebesgedichte, Alltagsgedichte, Biergartengedichte, Weingedichte, Gedichte an Freunde und noch viele andere Arten von Gedichten.

Weil der Stadt, im Januar 2015   Alfred Reichel

1

Ein Quantum Prost

Ein Quantum Bier für die Nacht,
dafür habe ich mich aufgemacht.
Daheim gibt's kein Bierchen mehr,
deshalb muss eins von woanders her.
Wo aber soll ich's nur suchen?
Ich denke, ich werde dich besuchen.
Du hast immer genügend Bier zu Haus
und gibst mir bestimmt ein, zwei aus.

2

Bester Freund

Weil du mein bester Freund bist,
schenke ich dir eine Kiste Bier.
Das Schöne an dem Geschenk ist,
ich weiß, du trinkst sie mit mir.

3

Berauscht euch

Berauscht euch an der Liebe, dem Leben, an Bier und Wein.
Wer aber ein langweiliges Leben führen möchte, der lass das
alles sein.

Italienische Spezialitäten

Cannelloni, Bruschetta, Mascarpone,
Spaghetti, Mozzarella, Minestrone,
- das alles mögen wir zwei,
Hauptsache Bier ist mit dabei.

Antiliebesschmerz-Bier

Verwundbar ist des Menschen Herz
durch den großen Liebesschmerz.
Öffnet sich dieses Menschen Mund
aber für etwas Bier zur Abendstund,
dann wird sein wundes Herz kuriert.
Bier hat schon so manches repariert.

Kronkorken

Ich wär' gerne ein Kronkorken.
Dann hätte ich keine Sorgen.
Mein Nachbar wär' ein Bier.
Auf Du und Du wären wir.

Gründe

Fängt ein Mann das Trinken an,
kann's sein, er hat 'nen Grund.
Vielleicht lässt ihn seine Frau nicht ran
oder er mag einfach Bier im Mund.

Liebende Herzen

Sich liebende Herzen,
die getrennt sind, schmerzen,
Sie möchten zusammen sein,
wie Genuss und Wein,
wie Durst und Bier,
wie ich mit dir.

Glückspils

Der Glückspilz ist sehr durstig, doch er lacht,
denn er hat an ein jetzt passendes Bier gedacht.
Der Glückspilz trinkt gleich ein Pils
ein großes Glückspils.

Bier, der Alleskönner

All das kann Bier:
Alkoholisieren,
faszinieren,
dich betören,
dich zerstören.

11

Vorfreude auf den ersten Schluck Bier

Ich bin bereit.
Endlich ist's soweit.
Gleich fließt Bier durch meine Kehle.
Erwartungsfroh sind Körper und Seele.
Gleich wird der Durst bezwungen.
Schnell macht Bier ungezwungen.
Ich fühle mich wie Asterix vor einem Schluck Zaubertrank.
Meinem Bier sage ich schon im Voraus herzlichen Dank.

12

Zeiten

Er denkt oft an die schönen glücklichen Zeiten zurück.
Im Jetzt findet er Krankheiten, verflogenes Glück.
Es kommen wieder bessere Zeiten – irgendwann einmal.
Das Glück kommt zurück, das Bier schmeckt dann nicht
mehr schal.

13

Kepler-Bier

Johannes Kepler hieß der Mann,
der die drei Keplerschen Gesetze ersann.
Als Astronom wurde er weltbekannt.
Warum wurde nach ihm noch kein Bier benannt?
Ein „Kepler-Bier"
- das gönnte ich mir.

14

Die große Liebe

Er hat seine große Liebe getroffen
und läuft seither wie leicht besoffen
von rechts nach links, von dort nach hier
- ganz beschwingt auch ohne Bier.

15

Kriege

Als kleiner Bierphilosoph
finde ich Kriege ziemlich doof.
Die sollen sich gefälligst vertragen,
mehr möchte ich dazu nicht sagen.

16

Allzeit bereit

Ich höre mich sagen,
ich könne rund um die Uhr ein Bier vertragen.
Würde man mich nachts aus dem Schlaf wecken,
selbst dann würde mir ein Bier gut schmecken.
Allzeit bereit -
ich mag Bier zu jeder Zeit.

17

Konzept

Bleib im Leben nicht ungeküsst.
Schau zu, dass die Liebe dein Leben versüßt.
Trink täglich dein Bier als des Lebens Würze.
Das ist mein Lebenskonzept in aller Kürze.

Zauberkräfte

Im Bier müssen Zauberkräfte stecken,
denn Bier tut neue Kräfte wecken.

Flirtbier

Ist er nüchtern,
ist er schüchtern.
Trinkt er Bier,
flirtet er mit ihr.

Kein Bier

Du trinkst ein Bier
und ich hab kein's.
Ich sitz neben dir
und hätt' gern eins.
Drum gibst du mir jetzt ein Freibier aus,
sonst ist's mit unserer Freundschaft aus.

Deutsche Einheit

Mit Bier ein frohes Prost
auf Deutschlands West und Ost.
Ein Prost auch auf den Süden und den Norden,
sie sind schon lange einheitlich geworden.

Warum

Warum reimt sich auf Sex
nicht die Freundin sondern die Ex?
Warum reimt sich auf Liebe
nicht Sehnsucht sondern Hiebe?
Warum reimt sich auf Gymnasium
nicht intelligent sondern dumm?
Warum reimt sich auf Durst
nicht Bier sondern Wurst?
Ich weiß es nicht.
Dafür gibt's jetzt ein neues Biergedicht.

Bier-Verzicht

Auf mein Bier kann ich nicht verzichten.
Ein Grund ist, ich brauch's zum Dichten.
Also Bier-Verzicht
geht nicht!

Bier-Weib

Von „Bier" zu „Weib"
ist's nicht weit.
„Bier" rückwärts und man ist bei „Reib".
Ersetze „R" durch „W" und da steht „Weib".

Die Wunderschönste

Du bist schöner als die Schönste.
Du bist die Wunderschönste.
Du bist besser als die Beste.
Du bist die Allerallerbeste.
Wärst du Bier, du wärst das allerköstlichste Bier.
Ich tränke nur, immer nur, in einem fort von dir.
Ich denke nur an dich.
Ich liebe nur dich <3

26

Antihektik-Bier

Der, die, das,
von mir will jeder was.
Ich möchte aber jetzt ein Bier in aller Ruhe trinken
und mich dabei von der ganzen Hektik ausklinken.

27

Los

Das Leben ist oft schonungslos, erbarmungslos,
lieblos, hoffnungslos – ein schweres Los.
Und ohne Moos ist auch nichts los.
Aber Bier sei Dank bin ich meinen fürchterlichen Durst los.
Jetzt noch einen Kuss von dir und mir geht's grandios-famos
:-*

28

Voll

Sie schaut ihn an, ganz liebevoll,
erwartungsvoll, lustvoll.
Aber leider ist er nach 10 Bier schon zu voll :-(
Sie wäre zu mehr als nur einem Flirt bereit,
aber er ist nach dem vielen Bier total breit.

Sommerlicher Biertipp

Kühles Bier sollst du im Schatten trinken,
anstatt im sommerlichen Schweiße zu ertrinken.
Schau zu, dass abends kühles Bier durch deine Kehle
gluckert,
ansonsten wirst du dehydriert und wirkst „unterzuckert".
Mit Bier fühlst du dich erfrischt und prächtig,
ansonsten ausgetrocknet und schmächtig.

Wie Edelsteine

Diamanten und Saphire
sind wie edle Biere
für unsere Sinne ein Genuss;
genauso ist's mit einem süßen Kuss.

Vom Läufer zum Säufer

Es war einmal ein großer Läufer,
er war aber auch ein Doping-Käufer.
Das wurde entdeckt und er durfte nicht mehr starten.
Er konnte fortan mit keinen Siegen mehr aufwarten.
Er fühlte sich öffentlich massakriert.
Er war total frustriert.
Er suchte im Bier sein Glück.
Das war vollends sein Unglück.
Es war einmal ein großer Läufer,
er wurde zum großen Säufer.
Und wenn er nicht gestorben ist,
dann ist er heute vielleicht Sozialist,
Rassist, Kommunist, Christ, Aktivist,
Buddhist, Perfektionist, Polizist, Egoist,
Pazifist, Florist, Kolumnist, Dentist,
Alpinist, Nationalist, Idealist, Nudist,
Terrorist, Drogist, Lobbyist, , Jurist,
Moralist, Dadaist, Sportjournalist,
angepisst…

Das Leben

Begreife es endlich:
Das Leben ist endlich.
Nutze die Zeit,
die dir bleibt.
Nimm dein Leben an.
Jetzt, nicht erst irgendwann.
Lebe bewusst dein Leben.
Sei gut und lerne zu vergeben.
Mache das, was du tun musst.
Lebe mit Freunden, Bier und Lust.
Sammle so viele schöne Momente.
Zu bald geht das Leben zu Ende.
Und was dann kommen mag,
das bleibt die große Frag'.
Ich hoffe, man ist nicht gänzlich tot.
Ich wünsch' mir, es gibt einen guten Gott.
Ein Prost auf das Leben!
Hoch soll es leben!

Prost Sommer

Bei diesem ach so heißen Wetter,
bist du Bier mein Erretter.
Du rettest mich vor sonnigem KO
mit Mineralstoffen, Wasser, Kohlenhydraten und Co.
Dein Wasser, deine Elektrolyte ersetzen den Schweißverlust.
Dein Alkohol erweckt wieder die Lebenslust.
Zwischendurch auch mal ein Glas Wasser getrunken,
so werde ich durch dich noch lange nicht betrunken.
Prost Sommerhitze,
Weizenbier ist Spitze!

34

Hitzig

Ich sitze draußen in der Junihitze
und schwitze.
Doch sei ganz unbesorgt,
denn ich habe vorgesorgt.
Ich habe mich außen eingecremt gegen die Sonne
und von innen kühle ich mich mit Bier voller Wonne.

Glücklich und zufrieden

Sommer, Sonnenschein.
Mit Freunden joggen gehen, durstig sein.
Starken Durst verspüren.
Endlich eine kühle Flasche Bier berühren.
Sich am Bier erfreu'n, den Moment genießen.
Nichts kann das aufkommende Glück verdrießen.
Reden, lachen, Leben spüren, zufrieden sein.
Wir schenken uns noch eine Flasche Glück und Zufriedenheit ein.
Nichts kann schöner sein.

36

Gerstenkorn

Ich hab ein Gerstenkorn im Auge.
Das ist dort so blöd wie Seifenlauge.
Ein Gerstenkorn gehört ins Bier
und nicht ins linke Auge von mir.

Stacheliger Alkohol

Die Dornen der Rose stechen mich.
Egal, ich pflücke die Rose für dich.
Der Stachel des Bieres ist der Alkohol.
Egal, ich bin gerne Fakir – zum Wohl!

38

Beobachtung

Er trinkt den Wein wies Bier,
viel und voller Gier.
Er leert sein Glas Wein in einem Zug.
Gluck, gluck, gluck.

39

Nach Leonberg

Von Weil der Stadt wollte einer nach Leonberg laufen,
um sich dort ohne Auto mit Freunden zu besaufen.
Aber in Renningen trank er bereits 4 Bier und 2 Gläser
Wein,
da ließ er das weitere Laufen nach Leonberg sein
und ging lieber wieder nach Weil der Stadt heim.
Seither lässt er solche Torturen bleiben
und trinkt sein Bier gleich in Weil der Stadts Kneipen.

Schwertwirt Done

Der VfB Stuttgart hat wenig Ballbesitz,
aber macht selbst daraus NICHTS.
Ganz anders in unserer Kneipe,
wo wir die VfB-Spiele anschauen und rücken dem Durst zu
Leibe.
Unser Wirt Anton hat 98 % Laufwege.
Wir haben 98 % Bierbesitz.
Anton wird vom vielen Laufen träge.
Wir rufen ihm zu: „Komm Done, sitz!
Du läufst zu viel und säufst zu wenig.
Mach's anders rum und werd' wie wir bierselig."

Gemeinsamkeiten

Von Bier kriege ich nicht genug.
Trinke ich Limo, ist das Selbstbetrug.
Ich kriege auch nie genug von dir.
Hoffentlich geht's dir wie mir.
Drum sehne ich mich nach Bier
und noch mehr nach dir.

42

Gutes Bier

Schlechtes Bier kommt ihm nicht ins Glas.
Gutes trinkt er auch schon mal im Übermaß.
Gutes Bier und davon hin und wieder viel,
aber nicht zu viel, das ist sein Ziel.

43

Überlegungen beim Bier

Ach, wäre ich doch du und du ich,
dann wüsste ich alles über dich
und du wüsstest alles über mich.
Aber tränke ich ein Bier,
wär's dann in mir oder in dir?

44

Alle Jahre wieder...

Alle Jahre wieder
blüht im Mai der Flieder.
Alle Jahre wieder
verlieren die Hähnchen zur Wasen-Zeit ihr Gefieder.
Alle Jahre wieder
feiern wir Geburtstag gar nicht bieder.
Alle Jahre wieder
trinken wir dann Bier und singen schmutzige Lieder.

Mitten im Glück

Ich bin entzückt.
Alles ist geglückt.
Doch denk ich jetzt nach, werd ich verrückt
vor Angst, dass das Glück mir bald entrückt.
Was bleibt vom Glück
dann später zurück?
Mein Bier bleibt mir – zum Glück.

46

Jedermann

Bier trinke jedermann,
solange er noch kann.
Das gilt auch für die Jederfrau,
denn die ist ja genauso schlau.

47

Marathon

Der Marathonläufer läuft 42 km auf Asphalt
und denkt durstig beim Laufen: „Bald
laufe ich endlich durchs Ziel.
Dort ist Bier, das ich dann haben will.“

Wichtigeres

Gibt es Wichtigeres als Bier? fragt der Durstende.
Nein!
Gibt es Wichtigeres als die Liebe? fragt der Verliebte.
Nein!
Gibt es Wichtigeres als die Freiheit? fragt der Gefangene.
Nein!
Sie haben alle Recht!
So auch der Specht,
er sucht einen geeigneten Baum.
Das ist sein größter Traum.

Endlich

Heute ist das Warten vorbei.
Endlich hat die Sehnsucht frei.
Heute gibt's nur dich
für mich.
Heute gibt's nur uns zwei.
Alles andere ist einerlei.
Nur etwas Bier ist auch dabei.
Endlich wird geküsst, verführt,
gestreichelt und berührt,
den Schmetterlingen im Bauch Bier zugeführt.

Brauer

Wie der Brauer, so das Bier.
Das gilt so im Ausland wie auch hier.
Das gilt auch für die Brauerin.
Eine Gute ist fürs Bier ein Gewinn.

Umstieg

Man kommt zur Welt als kleiner Knilch
und trinkt bevorzugt Muttermilch.
Später hat man andere Getränke im Visier
und steigt meist um auf Wein und Bier.
Andere wiederum
zieht's hin zu Wodka oder Rum.

Besser

Besser Samstag als Montag.
Besser der Letzte als das Letzte.
Besser ein Biergarten als ein Ziergarten.
Besser eine Katze als einen „Kater".
Besser zum Freund als zum Psychiater.
Besser ein Bier als kein Bier.
Besser zwei Bier als ein Bier…

24

Der Tag hat 24 Stunden.
Nur mit Bier kommt er über die Runden.
Ohne genügend Bier im Haus,
hält er's schon lange nicht mehr aus.

Früher war das nicht so.
Sein Leben hatte noch Niveau.
Er braucht wieder Ziele und jemand, der ihn mag.
24 Stunden hatte früher auch schon der Tag.

Ein Tag hat immer 24 Stunden.
Das sind jedes Mal 86400 Sekunden.
Ich hab folgendes kapiert:
Ob dein Tag gut oder schlecht wird,
liegt in erster Linie an dir.
Und trink nicht zu viel Bier!

54

Chemie

Ethanol in Bier
Aspirin in mir.
Ich liebe sie,
die Chemie.

Ohne und mit

Methanol macht blind.
Wer zu viel Absinth trinkt, spinnt.
Ich trinke Bier ohne Methanol
dafür mit Ethanol.
- Zum Wohl!

56

Stoffe

Plastik ist Kunststoff.
TNT ist ein Sprengstoff.
Traubenzucker ist ein Nährstoff.
Bier, das ist mein Stoff.

57

Bierzeiler

Ein Bierdichter
schreibt als etwas dichter Dichter
statt Vierzeiler
lieber Bierzeiler.

Im Bett

Sonntagmorgen, kurz vor acht,
sie ist früh aufgewacht.
Er liegt noch im Bett.
Sie aber ist so nett
und bringt ihm Bier ans Bett.
Sie lächelt leicht kokett
und steigt noch mal ins Bett.
Sie küssen sich.
Sie lieben sich.
Sie trinken ihr Bier gemeinsam aus
- welch köstlicher liebevoller Morgenschmaus.

59

Wäre ich doch... (Nächtliche Gedanken)

Ach, wäre ich doch Millionär.
Ich kaufte mir ein, zwei Kneipen oder noch mehr.
Noch besser wär's ich wäre Milliardär.
Ich kaufte mir ein ganzes Kneipenheer.
Mit Freunden zöge ich durch mein Kneipenmeer.
Wir tränken ein Bier nach dem anderen leer.

Lebensfreude

Trinke Bier heute,
nicht erst morgen.
Küsse heute,
nicht erst morgen.
Trinke, küsse heute
und auch morgen.
Liebt, trinkt morgen und heute;
genießt die Lebensfreude.
Das Leben ist kurz – 1, 2, 3 -
viel zu schnell ist es vorbei.

61

Sonnyboy

Schon mit 20 Jahr
fährt er Jaguar.
Er ist intelligent, reich, beliebt und lebensfroh,
eine nette, hübsche Freundin hat er sowieso.
Er ist ein Sonnyboy,
ein glücklicher Sonnyboy.
Die Zukunft steht ihm weit offen.
Nur einmal fährt er seinen Jaguar besoffen.
Nach 10 Bier von jetzt auf nachher, ohne Not,
fährt er dabei sich und seine Freundin tot.
Er ist ein Sonnyboy,
ein toter Sonnyboy.
Und die Moral von der Geschicht':
Sauf beim Fahren nicht.

62

Most

Der Schwabe trinkt gerne Most.
Ich trinke lieber Bier. Prost!

Zu viel Bier

Zu viel Bier machen dick und rund.
Zu viel Bier ist ungesund.
Zu viel Bier schlägt auf den Magen.
Zu viel Bier führt im Bett zum Versagen.
Zu viel Bier verfettet die Leber.
Zu viel Bier intus und dir kündigt dein Arbeitgeber.
Zu viel Bier frisst den Verstand.
Drum nimm von zu viel Bier Abstand.
Trink mindestens eins weniger als zu viel,
so erhältst du deinen Sexappeal,
bleibst gesundheitlich stabil,
wirst weder arbeitslos noch infantil.

64

Vorsicht

Schnaps, Bier und Wein
halten Kummer und Sorgen klein.
Doch Vorsicht – schenkt man sich zu oft davon ein,
dann stimmen die so kleingehaltenen Sorgen
den Betroffenen allmählich auf Alkoholprobleme ein
- irgendwann, vielleicht schon morgen.

65

Die Dosis macht's

Zu was hat's im Leben der gebracht,
der Bier säuft jeden Tag und jede Nacht?
Besser ist's bestimmt,
wenn man sich Paracelsus-Regel zu Herzen nimmt:
Alle Dinge sind Gift, und nichts ist ohne Gift.
Allein die Dosis macht, dass ein Ding kein Gift ist.

66

Verschluckt

Der Trinker schluckt ein Bier
und noch ein Bier…
Meist schluckt er mehr als deren vier.
Irgendwann aber - es ist verrückt -
schlägt das Bier gnadenlos zurück:
Der Trinker wird vom Bier geschluckt
und als Säufer ausgespuckt.
Drum, willst du das nicht haben,
tu dich am Bier genügsam laben.

Vom Trinken

Der Papst trinkt sein Bier andächtig.
Der Dieb trinkt seins vielleicht verdächtig.
Heimlich trinkt sein Bier der Spion.
Grölend trinkt's mancher aus SPD oder Union.
Der Langsame trinkt sein Bier gemächlich.
Der Abstinenzler findet Bier unerträglich.
Ich trinke, man höre und staune,
Bier je nach Durst, Lust und Laune –
mal schnell, mal langsam,
mal gierig, mal behutsam,
hier und da oder in der Ferne…
Auf jeden Fall trinke ich Bier sehr, sehr gerne!

68

Pillepalle

Mein Bier daheim ist alle.
Halb so schlimm – Pillepalle.
Das wird mir jetzt nicht den Tag vermiesen,
ich werde mein Bier eben auswärts genießen.

Altersklagen

Ich trinke und klage:
Wohin sind all die Tage?
Der Herbst des Lebens ist gekommen
und hat mir von meiner Sehkraft genommen.
In den Augen brütet schon der graue Star.
Des Lebens Winter macht weiß mein Haar.
Die Lebenszeit verstreicht, Stunde um Stunde.
Wer bezahlt die nächste Runde?
Zwar ist die Zeit der Jugend schon lange vorbei,
aber was hilft mir die ganze Jammerei.
Wenn auch die Jahre wie loser Sand verfließen,
lasst uns die Gegenwart mit Lieben und Lachen genießen.
Solange ich noch Bier trinken kann,
bin ich noch kein wirklich alter Mann.

70

Exportbier

Oh Fremder, aus fernem Land,
kommst du nach Deutschland,
dann empfehle ich dir,
trink unbedingt mal unser Bier.
Das Bier hier schmeckt einzigartig,
phänomenal, einfach großartig.
Möglicherweise möchtest du nie wieder fort
oder du trinkst künftig daheim deutsches Export.

Urlaubstage

Ich wünsch mir Urlaub, ausgefüllt mit Lachen, etwas Bier
trinken, Lieben,
das ist jetzt weder unter- noch übertrieben.
Sich nicht viel sorgen müssen,
dafür umso mehr küssen.
Ohne Frage,
schön sind solche Ruhetage.

Urlaub

Verreisen nach Norden, Süden, Osten oder Westen.
Mit Freunden zusammen feiern und festen.
Fremde Biere testen.
Neues kennenlernen.
Bier trinken unter Sternen.
Andere Umgebung, warmes Klima,
das Leben im Urlaub ist doch prima.
Und kannst du mal nicht verreisen,
dann geh wenigstens fremdländisch speisen.
Denn selbst zum chinesischen „Süß-Sauer",
schmeckt wunderbar *Bier, frisch vom Brauer.*

73

Kaffee

Die Kneipe ist voll,
er ist's auch.
Das Glas ist leer,
sein Kopf auch.
Die Kneipe ist voller Zigarettenrauch;
auch er hat zu viel geraucht.
Ein starker Kaffee ist das,
was er jetzt braucht.

74

Portionen

Vom Bier groß, vom Wein klein,
so sollen die Portionen sein.
Vom Bier trinkt er gerne viel;
manchmal aber auch zu viel.

75

Biertropfen

Malz, Hefe, Wasser und aromatischer Hopfen
ergeben gut zubereitet einen prima Tropfen.
Und so wie steter Tropfen höhlt den Stein,
so trinken irgendwann viele lieber Bier statt Wein.

Stammkneipe

Mancher flüchtet vor seinem Weibe
nach Feierabend in seine Stammkneipe.
Dort trinkt er sich mit Bier einen Schutzpanzer an,
so dass er irgendwann gelassen heimgehen kann.
Seine Frau kann ihn daheim dann ärgern so viel sie will;
er lächelt weise und bleibt still.
Und wird es ihm doch irgendwann zu viel,
dann zieht's ihn nochmals zu seiner Kneipe hin.

Streber

Viele streben auf dieser Welt
nach mehr und immer noch mehr Geld.
Nur wenige sind's, die bei diesem Streben,
auch anderen 'was von ihrem Reichtum abgeben.
Letztendlich ist vielleicht nur der reich,
der strebt nach dem Himmelreich.
Manch einer hofft, es gibt wie auf Erden hier
auch dann im Himmel köstliches Bier.
Ich glaube, dort wird's Freibier geben.
Das möchte ich irgendwann „erleben".

Mit Genuss

Wer sich allen Genuss verwehrt,
wer Bier und Co entbehrt,
der lebt womöglich verkehrt.
Zu meiner Ernährung gehört auch Bier,
diesen Genuss gönne ich mir.
Schließlich trinkt ja auch die Seele mit.
- Guten Appetit!
Ein weiterer Hochgenuss
ist ein leidenschaftlicher Kuss.

Bier trinken und Küssen
sind wahre Leckerbissen.
Unter all den vielen Genüssen
möchte ich sie am wenigsten missen.

79

Freunde der Nacht

Kommt liebe Freunde, die Nacht
wird heute zusammen verbracht.
Diese Nacht wird zum Tage gemacht.
Nachher wird feucht-fröhlich durchgemacht.
Kommt Freunde der Nacht,
feiert, trinkt Bier und lacht.

Starke Sehnsucht

Meine Sehnsucht löschst du
wie den Durst löscht das Bier.
I love you. I love you.
Komm schnell zu mir.

Drehungen

Bei mir dreht sich viel ums Bier.
Und damit's sich weiterdreht,
trink ich Bier, das ist nie verkehrt.
Prost!

Himmlisch

Engel küsst Bengel.
Bengel knutscht Engel.
Merkel busselte Putin.
Auch wir kriegen das hin.
Einen bierfeuchten Schmatz
an meinen geliebten Schatz.

Biergeschenk

Bier ist zum Trinken da,
falleri und fallera.
Bier kann man auch gut verschenken,
denn Bier ist eines der Besten unter den Getränken.
Mit Bier als Geschenk liegst du bei mir immer richtig.
Das zu wissen, das ist (für mich) wichtig.
Also, schenk mir
Bier!

Brautentführung mit Bier

Die Braut, noch unberührt,
wurde in eine Kneipe entführt
und dort zum Trinken von Bier verführt.
Die Braut, frisch getraut,
trank viel Bier, frisch gebraut.
So nahm die Hochzeit ihren Lauf.
Die Braut, hicks, war gut drauf.
Die langersehnte Hochzeitsnacht
hat sie leider berauscht und tief schlafend verbracht.

85
Legal

Nimmst du ein Bier statt einen Joint,
bleibt die Polizei dein Freund.
Alkohol ist vergleichsweise legal,
solange du damit nicht Auto fährst, ist's ihr egal.
Zu hoher Alkoholkonsum ist trotzdem weder genial noch ideal,
sondern auf die Dauer katastrophal, eine Qual, mortal.

86
Mal Wein

Ich mag Bier, trinke aber auch mal Wein.
Ein Bierliebhaber kann auch mal ein Weintrinker sein.

87
Der Schein trügt

Mir scheint,
er weint.
Doch nein, er lacht.
Er hat sich beim Öffnen der Bierflasche die Hose nass gemacht.

Ohne Worte

„Ohne Worte aber viel Bier"
ist besser als
„Viele Worte aber ohne Bier".
Denn der Worte sind genug gefallen,
jetzt lassen wir die Kronkorken knallen.

Bier trinken

Alfred trinkt's.
Ina trinkt's.
Harald trinkt's
Martin trinkt's.
Bawan trinkt's nicht.
Er ist die Ausnahme in meinem Biergedicht.

Mein Streben

Zum Biere streb' ich gerne hin,
besonders wenn ich durstig bin.

Knutsch

Ich sehne mich nach dir. Knutsch.

Ich liebe dich. Streichelknutsch.

Ich freu mich auf dich. Knutsch.

Nicht nur, weil's sich reimt, steht hinten „Knutsch".

Knutsch, Streichelknutsch, Knutsch.

Der Hauptgrund ist, mit dir zu knutschen,

ist schöner als jegliches Bier zu lutschen.

Vermissen

Du vermisst mich.

Ich vermisse dich.

Unsere Herzen

schmerzen.

Aber würden wir uns nicht vermissen,

hätten wir keine Sehnsucht uns zu küssen.

Kein Bier kann diesen Schmerz lindern.

Kein Bier kann diese Sehnsucht verhindern.

93

Bier-Mantra (Und ewig füllt und leert sich der Krug)

Ich halte einen leeren Bierkrug in der Hand
und schippere auf einem Ozean voller Bier.
Ich schippere auf einem Ozean voller Bier
und halte einen vollen Bierkrug in der Hand.
Ich habe Durst und genieße das leicht salzige köstliche Bier.
Durstlöschendes und zugleich durstmachendes Bier.
Nie endender herrlicher Durst
in einem Ozean mit unendlich viel Bier.
In einem Ozean mit unendlich viel Bier
und nie endender herrlicher Durst.
Voll und leer. Voll und leer.
Wieder voll und wieder leer.
Wieder voll und wieder leer…

94

Vorwiegend heiter

Nicht nur ein schöner Pferderücken -
auch Regen und Hagel können entzücken.
Man muss sich dabei das Biertrinken draußen nicht
abschminken.
Man kann auch bei Regen unterm Sonnenschirm ein Bier
trinken.
Das Leben ist schön.
Lasst es uns gut geh'n.

Gier

Mir schmeckt
heut' kein Sekt.
Auch vom Wein
schenk' ich nichts ein.
Ich gier'
nach Bier.
Auf ein Bier hab' ich Riesenlust.
Ein großes nehm' ich mir jetzt zur Brust.

Für alle

Hinz und Kunz,
und sowieso uns,
auch ihm und ihr
schmeckt gutes Bier!
Ob Mann oder Frau, ob groß oder klein,
Bier schenken sich alle gerne ein!

Warm oder kalt

Martin und Harald
mögen ihr Bier kalt.
Mancher trinkt's oft lieber warm,
sonst schlägt sein Magen Alarm.
Ob heiß, warm, kühl oder kalt
- Bier schmeckt Jung und Alt.

98

Ein Reichel bitte!

Eine Halbe ist ein halber Liter Bier.
Ein Liter Bier steht für eine Maß.
Wenn eine Fee jetzt zu mir
sagen würde „Wünsch dir was!",
würde ich sagen: „Ich wünsche mir,
dass ab sofort ein Reichel das Maß ist für 1,5 Liter Bier."
Denn es wäre mir eine große Ehre,
das Maß zu sein für große Biere.

Ruhe

Ich brauch keine Kriege.
Ich brauch keine Siege.
Was ich brauch, bist du.
(Wenn's geht, noch ein Bier dazu.)
Ansonsten lasst mich in Ruh.

Kurz und knapp

Wir sind Biertrinker und trinken Bier,
Bier, Bier, Bier, Bier…

Blöde Gedanken

Verdursten oder ertrinken,
in den Wellen versinken?
Verbrennen oder erfrieren?
Explodieren oder implodieren?
Die Beste aller möglichen Todesursachen
ist, morgens plötzlich tot aufzuwachen.
Was für blöde Gedanken –
Zeit ein Bier nachzutanken.

Tagtraum

Und würde der Mensch 1000 Jahre alt,
am Ende käme der Tod mit 1000 zu bald.
Man muss schon ewig leben,
um alles unendlich oft zu erleben.
Bier trinken ohne Ende,
lieben ohne Ende…
Ich blas in mein Bier, es platzt der Schaum.
Ich wach auf aus dem schönen Tagtraum.

Bierrowdys Logik

Der Bierrowdy in der Kneipe sagt,
bevor er sich wieder einen packt:
„Sauf ich,
rauf ich.
Sauf ich nicht,
so rauf ich doch.
Drum will ich weiter saufen
und weiter raufen,
als nicht saufen
und doch raufen."

104

Schenke ein

Schenke ein –
dir den Wein
und mir
das Bier!
Und sind unsere Gläser leer,
dann wollen wir noch mehr.
Vom Wein dir,
vom Bier mir!
Als Toast
ein Prost!

105

Bierliebe

Ob Mann oder Frau,
ob Eber oder Sau,
ob Kuh oder Stier
- alle lieben Bier!

106

Schön

Schön ist es hier. Schön ist es dort.
Schön ist's mit dir und Bier an jedem Ort.

107

Übers Jahr

Im Frühjahr, wenn der Himmel blau,
auch im Herbst, wenn er ist grau,
im Sommer, wenn es ist sehr heiß,
im Winter, wenn die Erde ist schneeweiß,
allzeit trinken wir
unser geliebtes Bier!
Komme, was da kommen mag,
wir mögen Bier an jedem Tag.

108

Verwandlung

Vieh säuft. Mensch trinkt.
Vieh brüllt. Mensch singt.
Trinkt der Mensch aber zu viel Bier,
dann wird mancher Mensch zum wilden Tier.

Besoffen

Besoffen kann man Gedichte schreiben,
aber keinen Drachen reiten.
Besoffen lässt man sich leicht dazu verleiten,
sich noch mehr Alkoholisches einzuverleiben.
Besoffen kann man gut den Mond anheulen.
Besoffen läuft man Gefahr, das Auto zu zerbeulen.
Saufen - ist nicht gut für den Kreislauf.
Saufen - da liegt kein Segen drauf.
Zu viel Bier, Wein und Schnaps hauen einen um.
Zu viel Alkohol macht auf die Dauer gefühllos und dumm.

110

Gott sei Dank

Tränke ich Milch, schriebe ich Milchgedichte.
Ich schreibe aber Gott sei Dank Biergedichte.
Und es ist nicht das Fach Geschichte,
sondern es ist Chemie, was ich unterrichte.

111

Vervielfacht

Trink ich schnell vier Bier nacheinander aus,
wird aus einer einzelnen Blume ein Strauß.
Und trinke ich dann vom Bier noch mehr,
sehe ich bald ein Blumenmeer.
Mit steigendem Bierkonsum steigt überproportional
die Blumenzahl.

112

Entzugserscheinungen

Ich leide unter starken Entzugserscheinungen
- nicht wegen zu wenig Bier.
Nein, dies sind Liebesbegleiterscheinungen
wegen zu wenig von dir.

113

Sein Leiden

Er trinkt Bier um Bier
um Bier um Bier um Bier…
Er kann zwischen voll sein
und halbvoll sein
nicht mehr unterscheiden.
Das ist des Säufers Leiden.

Wie geht's mir?

Geht's mir gut oder schlecht?
Ich weiß nicht so recht.
Was soll ich sagen,
ich will nicht klagen.
Ich trinke jetzt erst mal ein Bier
und frage mich dann noch mal: „Wie geht's mir?"
Bestimmt werde ich antworten: „Gut geht's mir!"

115

Ernährung mit Genuss

Wer sich allen Genuss verwehrt,
wer ständig Bier und Co entbehrt,
der Arme lebt vielleicht verkehrt.
Zur genussvollen Ernährung gehört auch Bier,
denn auch die Sinne und die Psyche trinken mit.
Bier, das gönne ich mir.
Guten Appetit!

116

Kartenspieler

Freitagabend an den Stammtischen
sieht man Kartenspieler, ihre Karten mischen.
Sie bieten, passen, stechen, mauern, reizen.
Sie trinken Pils, Helles, Radler und auch Weizen.
Skat, Gaigel, Schafskopf, Binokel, Poker, Siebzehn und vier
- alle diese Spiele spielen sich am besten mit Bier.
Die Karten werden stundenlang auf den Tisch geklopft.
Der Wirt bringt Bier um Bier, mal mehr, mal weniger
gehopft.
Die einen karteln um ein wenig Geld,
die anderen, weil Karteln ihnen gefällt.
Aber das Verbindende ist dort wie hier,
die Geselligkeit und das gute Bier.

117

Bierschwanger

Geliebtes Bier,
sie möchte ein Kind von dir.
Einen kleinen Bierbauch hat sie schon,
nur zu deiner Information.

118

Liebes Bier

Bier, du bist schön.
Schön, dich anzusehn.
Du riechst und schmeckst wunderbar.
Dass ich dich gerne trinke, ist doch klar.

119

Lieben

Man kann Bier küssen – mit den Lippen
beim Biernippen.
Und dann kann man Bier streicheln
- einfach eine Mundvoll mit der Zunge schmeicheln.
„Biertrinken ist wie lieben" –
das ist wohl doch etwas übertrieben,
aber hier jetzt trotzdem aufgeschrieben.

120

Geständnis

Nach 6 Bier, ich muss gestehen,
fällt's schwer, aufrecht zu stehen.

Gemein

Du bist gemein, so gemein,
furchtbar gemein.
Du bist ein Schwein,
ein gemeines Schwein.
Bist du eine Frau,
so bist du eine gemeine Sau.
Bist du ein Er,
dann bist du ein gemeiner Eber.
Dein Bier soll nach Essig schmecken.
Du kannst mich am Hintern lecken.

Heilmittel Bier

Starker Durst ist eine sehr schlimme Bedrohung der
Gesundheit.
Starker Durst kann aber wirkungsvoll mit Bier bekämpft
werden.
Starker Durst ist fast so gefährlich wie eine schwere
Krankheit.
Durstlöschendes Bier kann somit als Heilmittel eingestuft
werden.

Auch präventiv gegen aufkommenden Durst ist Bier erste
Wahl.
Ein Bier rechtzeitig getrunken und Durst wird dir nicht zur
Qual.
So wie mancher Diabetiker hat Insulin zur Hand,
so haben wir unser Bier gegen den Brand.

123

Lustfaktoren

Wer oder was gibt meinem Leben höchste Lust?
Du und Bier!
Wen oder was nehme ich mir deshalb jetzt zur Brust?
Dich und Bier!

124
Runterspülen

Das Abendessen naht.
Heut' gibt's Nudelsalat.
Am besten wird der runtergespült
mit einem großen Bier, leicht gekühlt.

125
Motto mit Bier

Freu dich, wenn dir Bier gegeben.
Lebe gut und lasse leben.

126
Pech

Hat Scheiße am Schuh,
kein Bier mehr im Glas,
einen Schreibfehler in seinem Tattoo.
Trotzdem lacht er laut und hat Spaß.

Geständnis

An kaum einem Tag kann ich einem Bier widerstehen,
muss ich zu meiner Schande gestehen.
Aber endet ein Tag ohne Biergenuss,
ist er wie ein Tag ohne der Liebsten Kuss.
Also ist so ein „Biergenusskuss"
ein tägliches, entschuldbares Muss.
Einen wahren Tageshochgenuss
erlebt man jedoch erst mit Bier UND Kuss.

128

Ernährung

Das Huhn frisst das Wiesel.
Mein Auto säuft Diesel.
Und was trinken wir?
Natürlich am liebsten Bier!
Komm, trinke eins mit mir!

129

Fein

Glücklich sollst du sein
und zufrieden sollst du sterben.
Schmecken sollen dir immer Bier und Wein.
Dein Glücklich- und Zufriedensein sollen deine Kinder
erben.
Das wäre schön. Das wäre fein.
So soll es sein.

130

Biersause

Nach `ner längeren Bierpause
gönn dir mal wieder `ne Sause.
Verbring die Feier, was Bier betrifft, mal wieder mit.
Ich wünsche dir einen guten Bier-Appetit!

Cannstatter Volksfest

Die Welt dreht sich heut besonders schnell.

Wir fahren Geisterbahn und Kettenkarussell.

Die Bierzelte sind brechend voll.

Ist das Leben nicht toll?

Spaß, Spaß, Spaß.

Maß, Maß, Maß.

Wir verdrängen die Sorgen mit Spaß und Alkohol.

Prost und zum Wohl.

Viel Spaß beim Biergenuss.

Nach drei Maß ist für mich Schluss.

Schwer / leer

In der Schule gibt's die Mengenlehre.

Ich aber erzähl dir von der Schwereleere:

Ein voller Maßkrug ist gar schwer,

ein leerer ist dies nicht so sehr.

Aber lieber vom Bier schwer

als kein Bier mehr drin und leer.

Lass die Luft aus dem bierleeren Glas

und bring mir schnell eine neue Maß.

Links- und rechtsdrehend

Ein Karussell dreht sich.

Auch die Welt dreht sich.

Solch Drehen ist normal.

Aber seines ist irreal.

Ihm dreht sich gerade alles viel zu schnell.

Er liegt im Bett und sein Kopf fährt Karussell.

Er hat das Gefühl, ihm dreht sich der Magen um.

Warum?

In den getrunkenen sechs Bier und der Flasche Wein müssen wohl links- und rechtsdrehender Alkohol gewesen sein.

Unterschiede

Sie glaubt an das Gute auf der Welt.

Er vertraut lieber seinem vielen Geld.

Sie mag Natur, Mensch, Pflanze, Tier.

Er steht auf Wein, Whisky und viel Bier.

Sie fährt Fahrrad und mit Bus und Bahn.

Er rast mit seinem Porsche über die Autobahn.

Sie glaubt an die wunderbare Macht der Liebe.

Er vertraut seinen Fäusten. Wer ihm blöd kommt, kriegt
Hiebe.

Sie geht Tanzen und geht Laufen.

Er geht Saufen und ist oft am Raufen.

Sie ist ein hilfsbereiter Optimist,

er dagegen ein eiskalter Egoist.

Sie ist ein Engel.

Er ist ein Bengel.

135

Ritual

Schön ist's, Bier zu trinken am Montag zu Wochenbeginn.

Aber auch an jedem anderen Tag ist ein Bier ein Gewinn.

Drum machen wir ein Bier zum täglichen Ritual.

Wir sind dann zufrieden und alle Sorgen können uns mal.

Ob glücklich oder nicht

Ich trinke Bier, wenn ich glücklich bin.
Ich trinke auch Bier, wenn ich traurig bin.
Und auch wenn ich keins von beiden bin,
kann's sein, es zieht mich zum Biere hin.

137

Wo

„Sag mir, wo die beiden vollen Bierkästen sind.
Wo sind sie nur geblieben?"
„Wir tranken sie aus geschwind.
Ich weiß, zu viert war das etwas übertrieben."

„Sag mir, wo dann die beiden leeren Kästen sind.
Wo sind sie nur geblieben?"
„Wir haben uns beeilt wie der Wind,
die Kästen abgegeben, das Pfand eingetrieben.
Und ich als Pfand ‚Kassier'
hab's gleich investiert in neues Bier."

Vom Leeren

Intensive Wirtschaftslehre hat mich gelehrt:
Hat man erst ein Bier geleert,
ist's nicht verkehrt,
wenn man noch ein zweites leert.

Sollen, wollen, müssen, küssen

„Wählen gehen" ist das, was wir bei Wahlen tun sollen!
„Bier und Wein" sind das, was wir trinken wollen!
„Arbeiten" ist das, was wir täglich tun müssen!
„Dich" möchte ich von früh bis spät küssen, küssen!

Bier trinken

Ich trinke Bier an jedem Ort.
Nicht nur hier, sondern auch weit fort.
Ich tränke Bier, wenn's ginge, zu jeder Stund.
Zum Trinken fände ich immer einen Grund.
Ich trinke Bier mit jedermann.
Mit jeder Frau stoße ich ebenso an.
Bier trinke ich auch mal allein.
Besser trinkt's sich aber zu zwein.
Am liebsten aber trinke ich mein Bier
abends irgendwo zusammen mit dir.

141

Nächstenliebe

Du sollst deinen Nächsten lieben.
So steht's geschrieben.
Du und ich -
dein Nächster, das bin ich.
Ich und du –
mein Nächster, das bist du.
Hab ich kein Bier, krieg ich's von dir.
Hast du kein Bier, kriegst du's von mir.

Luftverschmutzung

Wäre die Stuttgarter Luft so rein wies Bier,
dann wären keine Schadstoffe in ihr.
Leider ist die Luft aber nicht so rein wies Bier,
denn Stickoxide und Feinstaub sind in ihr.
Die Luftverschmutzung macht uns noch krank.
Beim Bier ist's nicht so, Gott sei Dank.

Betenbier

Ein Pfarrer aus Schweden
hatte vom vielen Beten
einen trockenen Mund
und das ist ungesund.
Seither trinkt er Bier beim Beten.

144

Kloster Andechs

Was Mekka und Fátima sind für religiöse Pilger,
das ist das Kloster Andechs für uns Bierpilger.
Bier ist zwar nicht meine Religion,
Bier hat aber etwas Göttliches schon.
Ich war auch schon in Andechs und hatte eine Erscheinung.
Drei Maß Bier waren wohl der Grund, das ist meine
Meinung.

145

Einfach

Er trinkt Bier und davon auch mal viel,
weil er's so will.
Und will er nicht,
dann trinkt er's nicht.

146

Blau

Schau, schau, schau!
Herr Maier ist heute blau.
Er hat zu viele Bier gekippt.
Jetzt ist er einfach umgekippt.
Verkatert schreit er laut: „Miau!"

Au, au, au

Zu viel Bier zu trinken, war nicht schlau.
Jetzt tut der Kopf ihm weh – Au, au, au.
Das kommt vom vielen Saufen.
Der Tag ist heut gelaufen.
Hinzu kommt noch der Ärger mit seiner Frau.

Reich

Ein Brauer aus Schönaich,
der war einst ziemlich reich.
Dann fing er an zu saufen.
Seine Frau ist ihm davongelaufen.
Jetzt ist er arm und nicht mehr reich.

149

Lebenswichtige Fragen

Lebt man nicht,
so stirbt man nicht.
Lebt man, um zu sterben?
Lebt man nur um zu vererben?
Was bleibt vom Leben
nach dem Sterben?
Derartige lebenswichtige Fragen
sind nur mit viel Bier zu ertragen.

150

Vom Leben

Das Leben ist zum Lieben da.
Falleri und fallera.
Auch zum Bierchen trinken,
kann man es verlinken.
Liebe und Durst hören niemals auf;
ein dreifaches Prost darauf:
Prost. Prost. Prost.

Bierlein klein

Ein Bierlein klein
wollte unbedingt getrunken sein.
Als ich sah, das Bierlein leiden,
konnte ich's nicht vermeiden
und schüttete das Bierlein in mich rein.

Kleines Bierlein fein,
du wolltest getrunken sein.
Das Gläslein ist nun leer,
ich will vom Bier aber noch mehr.
Wo sind deine Brüderlein und Schwesterlein?

WM 2014 – Vorrunde

Die Spieler sich bekriegen,
um die anderen zu besiegen.
Viele Europäer sind in der Vorrunde ausgeschieden
und müssen sich frühzeitig verabschieden.
Die Spanier, Italiener, Engländer werden kritisiert,
von den Medien zerlegt und massakriert.
Des Verlierers Lohn
sind Spott und Hohn.
Aus Helden werden Deppen,
aber so ist das eben.
Das Leben geht weiter,
trink ein Bier und sei heiter.

Deutschland – Algerien 2:1 (WM-Achtelfinale 2014)

Die KO-Runde hat für uns begonnen.
Wir haben glücklich 2:1 gewonnen.
Vom Bier am Ende leicht benommen,
sehe ich alles etwas verschwommen:
Mit Abstand der Beste war unser Neuer,
dann Khedira, das Mittelfeldungeheuer.
Dann Schürrle, welcher hat das 1:0 erzielt.
Boateng, Müller haben auch gut gespielt.
Den Rest fand ich echt
ziemlich schlecht.
PS: Autokorso erlebt.
Autokorso überlebt.

154

Deutschland - Frankreich 1:0 (WM-Viertelfinale 2014)

Im Viertelfinale kann's nur einen Sieger geben,
so ist das eben.
Besser wir
als ihr.
Adieu les Bleus -
Blöd gelaufen für les Bleus.
Ich bin auch bleu -
vom Bier etwas blau.
Team blau - Tschau, tschau .
Wer kaum Bier trinkt, sondern Wein,
der kann diesmal nicht Weltmeister sein.

155

Deutschland – Brasilien 7:1 (WM-Halbfinale 2014)

7:1 Deutschland gegen Brasilien -
viel Bier floss in Deutschlands Familien.
Auf Müller ein Prost!
Auf Klose ein Prost!
Manch einer holte sich noch ein Bier
und verpasste dabei Tor Nummer drei und vier.
Ich glaub ich spinn –
WAHNSINN!

Weltmeister 2014 (Deutschland - Argentinien 1:0)

Unsere Kicker haben die WM erfolgreich gemeistert.

Ich bin heute total begeistert.

Unsere Elf spielt klasse.

Unsere Frauen haben Rasse.

Unser Bier schmeckt nach mehr.

Heute liebe ich Deutschland so sehr.

Nach Götzes Tor waren wir augenblicklich

überschäumend glücklich!

Deutschland singt!

Deutschland swingt!

Deutschland trinkt!

Deutschland lacht!

Die WM hat Spaß gemacht!

Pentalogie der Bierologie

Nach der „Bier-Gedichte"-Monologie,
die „Noch mehr Bier-Gedichte"-Dilogie,
dann die „Bier-Liebes-Gedichte"-Trilogie.
Gefolgt von der „Bier-Lyrik"-Tetralogie.
Jetzt die „Nicht nur Biergedichte"-Pentalogie.
Nächstens die „…"- Hexalogie?
Gut möglich.
Nichts ist unmöglich.
„Sag niemals nie" hörte man schon James Bond sagen
vor vielen vielen Tagen.
Wer weiß, vielleicht schon nächstes Jahr
wird's mit neuem Band neuer Bier-Gedichte wahr.

158

Biergericht

Drei Bier sind ein Gericht
- ein wunderbares Biergericht.

159

Biergedicht

Jedes Bier ist ein Gedicht
- ein wunderbares Biergedicht.

Jahresrückblick

Was wollte das alte Jahr uns sagen?
Was gab's in diesem Jahr zu beklagen?
Gab's auch schöne Sachen?
Hatten wir viel zu lachen?
Diese Fragen gehen mir
durch den Kopf bei einem Bier.

Inhaltsverzeichnis

Autor:

Alfred Reichel, geboren 1961 in Stuttgart, ist Lebensmittel-Ingenieur und ein großer Bierliebhaber. Reichel wohnt in Weil der Stadt und verdient in Stuttgart sein täglich Bier als Chemielehrer.

Bisher sind von Alfred Reichel beim Verlag Books on Demand GmbH folgende Bücher erschienen:

Bier-Gedichte, 2012

Noch mehr Bier-Gedichte, *2013*

Bier-Liebes-Gedichte, 2013

Bier-Lyrik, 2014

Nicht nur Biergedichte, 2015